BRAZILIAN PORTUGUESE FOR BEGINNERS

Learn Through Everyday Situations - Part 1

Marizete Burin

Dados Internacionais de Catalogação na Publicação (CIP)
(Câmara Brasileira do Livro, SP, Brasil)

Burin, Marizete
Brazilian portuguese for beginners [livro eletrônico] : learn through everyday situations : part 1 / Marizete Burin. -- Tucunduva, RS : Ed. da Autora, 2023.
PDF

ISBN 978-65-00-67023-3

1. Língua portuguesa - Compêndios para estrangeiros - Inglês 2. Língua portuguesa

23-151643
CDD-469.82421

Índices para catálogo sistemático:
1. Língua portuguesa : Compêndios para estrangeiros : Linguística 469.82421
Cibele Maria Dias - Bibliotecária - CRB-8/9427

CONTENTS

INTRODUCTION

Welcome to the Brazilian Portuguese book! This book was specifically written for absolute beginners who wish to learn the Brazilian Portuguese language. Throughout this book, you will learn the following verbs: to eat, to drink, to speak, to study, to work, to play, to like, to want, to go, to have, to need, to prefer, to live, and to wake up. Each of these verbs will be presented in a clear and comprehensive way, so that you can understand how to use them correctly in different situations.

In each chapter, you will find a short story, basic grammar concepts, vocabulary, and activities, including comprehension exercises, fill-in-the-blanks, and writing exercises. The book also has a chapter that explains regular verbs in Portuguese, and at the end of the book, you will find the complete conjugation of all the verbs, a glossary with all the words learned, and a link to download a file that can be imported into an app to make flashcards.

The book covers the following grammar topics: subject pronouns, negative sentences, definite and indefinite articles, grammar rules related to the verb "to like", preposition “to” in combination with the article "the" and the corresponding contractions, plural forms of nouns and articles, numbers, the comparative conjunction "than", possessive pronouns, and the adverbs of place "near and far". The chapters follow a logical sequence, always revisiting the verbs and words used in previous chapters to strengthen your learning. To make learning even easier, the book's instructions are written in English.

After completing this book, you will have a good foundation to continue learning the Portuguese language. Stay tuned for the publication of the next book to continue improving your knowledge of the Portuguese language. Let's begin this exciting learning journey!

CHAPTER 01 – COMER AND BEBER

1. Chapter Objectives

Learn the regular verbs "comer" (to eat) and "beber" (to drink).

Learn subject pronouns (Section 3).

Read the short story (Section 5) and understand how the chapter verbs can be used in everyday situations.

Practice with comprehension exercises, fill-in-the-blanks, and writing exercises (Sections 7, 9, and 10), and check your answers in Section 11.

Learn vocabulary about meals, food, and beverages (Sections 6 and 8).

2. Chapter Verbs

This chapter introduces the following verbs:

Comer
To eat
Beber
To drink

3. Subject Pronouns

Before starting, it's important to learn some subject pronouns in Portuguese. In this Section, you will learn the following pronouns: eu, você, ele, and ela. You will learn about the other pronouns (nós, vocês, eles, and elas) in Chapter 10.

Eu - I
Você - You
Ele - He

Ela - She

Note: In Portuguese, the pronoun "it" doesn’t exist.

4. Verb Conjugation

Learn the present tense conjugation of the chapter verbs and see the corresponding English translation:

COMER - TO EAT
Eu como - I eat
Você come - You eat
Ele come - He eats
Ela come - She eats

BEBER - TO DRINK
Eu bebo - I drink
Você bebe - You drink
Ele bebe - He drinks
Ela bebe - She drinks

In Portuguese, the pronouns “você”, “ele” and “ela” have the same verb conjugation, for example:
Você come (you eat).
Ele come (he eats).
Ela come (she eats).

The verbs “comer” (to eat) and “beber” (to drink) are regular verbs, and all the regular verbs ending in “-er” have a similar conjugation. You can find more information about regular verbs in Chapter 12.

5. Short Story

Read the following short story and understand how the chapter verbs can be used in everyday situations:

Refeições

O meu nome é Lucas. No café da manhã, eu como sanduíche. No almoço, eu como arroz, bife e legumes. No jantar, eu como pizza. Eu sempre bebo suco. Eu bebo suco de laranja.

Note: You can find the translation of this story at the end of the book.

6. Vocabulary

In Section 5, we introduced some new words in Portuguese. Here is the English translation of those words:

Arroz - Rice
Bife - Steak
Legumes - Vegetables
No almoço - For lunch
No café da manhã - For breakfast
No jantar - For dinner
O meu nome é - My name is
Sanduíche - Sandwich
Sempre - Always
Suco - Juice
Suco de laranja - Orange juice

7. Practice: Questions about the Short Story

Read the short story again and answer the questions below with either "true" or "false". Check your answers in Section 11.

a) (   ) Lucas come sanduíche no café da manhã.
b) (   ) Lucas come pizza no almoço.
c) (   ) Lucas come arroz, bife e legumes no almoço.
d) (   ) Lucas come sanduíche no jantar.
e) (   ) Lucas bebe suco.

8. Useful Words

Here are some new words that will help you understand and complete the activities in Sections 9 and 10:

Água - Water
Banana - Banana
Biscoito - Cookie
Café - Coffee
Carne - Meat/beef
Cerveja - Beer

Chá - Tea
Frango - Chicken
Leite - Milk
Massa - Pasta
Morango - Strawberry
Ovo - Egg
Pão - Bread
Peixe - Fish

9. Practice: Fill in the Blanks

1. Complete the sentences with the correct conjugation of the verbs. If you need help, consult the table in Section 4. And when you're done, check your answers in Section 11.

a) Eu .... como........... banana (comer).
b) Eu .... pizza (comer).
c) Ela .... sanduíche no café da manhã (comer).
d) Você .... massa no almoço (comer).
e) Eu .... carne no jantar (comer).
f) Ele .... peixe (comer).
g) Ela .... legumes (comer).
h) Eu .... água (beber)
i) Ele .... leite (beber).
j) Você .... suco no almoço (beber).
k) Ela .... chá no jantar (beber).
l) Você .... café (beber).
m) Ela .... cerveja (beber).

2. Fill in the blanks using the correct conjugation for the pronoun "he". Check your answers in Section 11.

Refeições

O nome dele é Lucas. No café da manhã, ele ....come.......... (comer) sanduíche. No almoço, ele .... (comer) arroz, bife e legumes. No jantar, ele .... (comer) pizza. Ele sempre .... (beber) suco. Ele .... (beber) suco de laranja.

10. Practice: About You

In this section, you should answer the questions based on your own preferences. There are no right or wrong answers, and you will not find answers at the end of the chapter.
1. Answer the questions with "sim" (yes) or "não" (no).
a) Você come pão?
b) Você come sanduíche no café da manhã?
c) Você bebe café?
d) Você come carne?
e) Você come massa no almoço?
f) Você come sanduíche no almoço?
g) Você come salada no almoço?
h) Você bebe suco no almoço?
i) Você come hambúrguer no jantar?
j) Você come salada no jantar?
k) Você bebe cerveja no jantar?

2. Answer the questions below using the words introduced in Sections 6 and 8.
O que você come no café da manhã? What do you eat for breakfast?
O que você come no almoço? What do you eat for lunch?
O que você come no jantar? What do you eat for dinner?

11. Answers
7. Practice: Questions about the Short Story
a) True.
b) False.
c) True.
d) False.
e) True.

9. Practice: Fill in the Blanks
1.Complete the sentences:
a) Eu como banana.
b) Eu como pizza.
c) Ela come sanduíche no café da manhã.
d) Você come massa no almoço.
e) Eu como carne no jantar.
f) Ele come peixe.

g) Ela come legumes.
h) Eu bebo água.
i) Ele bebe leite.
j) Você bebe suco no almoço.
k) Ela bebe chá no jantar.
l) Você bebe café.
m) Ela bebe cerveja.

2. O nome dele é Lucas. No café da manhã, ele come (comer) sanduíche. No almoço, ele come (comer) arroz, bife e legumes. No jantar, ele come (comer) pizza. Ele sempre bebe (beber) suco. Ele bebe (beber) suco de laranja.

CHAPTER 02 – FALAR AND ESTUDAR

1. Chapter Objectives

- Learn the regular verbs "falar" (to speak) and "estudar" (to study).
- Learn negative sentences (Section 7).
- Read the short story (Section 4) and understand how the chapter verbs can be used in everyday situations.
- Practice with comprehension exercises, fill-in-the-blanks, and writing exercises (Sections 6, 9, and 10), and check your answers in Section 11.
- Learn vocabulary about languages (Sections 5 and 8).

2. Chapter Verbs

This chapter introduces the following verbs:

Falar
To speak
Estudar
To study

3. Verb Conjugation

Learn the present tense conjugation of the chapter verbs and see the corresponding English translation:

FALAR	-	**TO SPEAK**
Eu falo	-	I speak
Você fala	-	You speak
Ele fala	-	He speaks
Ela fala	-	She speaks

ESTUDAR	-	**TO STUDY**
Eu estudo	-	I study
Você estuda	-	You study
Ele estuda	-	He studies
Ela estuda	-	She studies

In the Portuguese language, the pronouns "você", "ele", and "ela" have the same verb conjugation. For example:
Você fala (you speak).
Ele fala (he speaks).
Ela fala (she speaks).

The verbs "falar" (to speak) and "estudar" (to study) are regular verbs, and all the regular verbs ending in "-ar" have a similar verb conjugation. You can find more information about regular verbs in Chapter 12.

4. Short Story
Read the following short story and understand how the chapter verbs can be used in everyday situations:

Idiomas

O meu nome é Camila. Eu falo muitos idiomas. Eu falo português, espanhol e inglês. Eu não falo francês. Eu estudo idiomas todos os dias. Eu estudo espanhol de tarde, e eu estudo inglês de noite.

Note: You can find the translation of this story at the end of the book.

5. Vocabulary
In Section 4, we introduced some new words in Portuguese. Here is the English translation of those words:
De noite - At night
De tarde - In the afternoon
E - And
Espanhol - Spanish
Francês - French

Idiomas - Languages
Inglês - English
Muitos - Many
Não - No, don't
Português - Portuguese
Todos os dias - Every day

6. Practice: Questions about the Short Story

Read the short story again and answer the questions below with either "true" or "false". Check your answers in Section 11.

a) ( ) Camila fala muitos idiomas.
b) ( ) Camila não fala português.
c) ( ) Camila fala inglês.
d) ( ) Camila não fala francês.
e) ( ) Camila estuda idiomas todos os dias.
f) ( ) Camila estuda espanhol de tarde.
g) ( ) Camila estuda português de noite.

7. Negative Sentences

To create negative sentences, we add the word "não" (don't/ doesn't) before the verb.

For example:
Eu **não** falo espanhol - I **don't** speak Spanish
Ela **não** fala inglês - She **doesn'**t speak English

8. Useful Words

Here are some new words that will help you understand and complete the activities in Sections 9 and 10:
Alemão - German
Árabe - Arabic
Chinês - Chinese
De manhã -In the morning
Holandês - Dutch
Italiano - Italian
Japonês - Japanese

9. Practice: Fill in the Blanks

1. Complete the sentences with the correct conjugation of the verbs. If you need help, consult the table in Section 3. And when you're done, check your answers in Section 11.

a) Eu .... falo........ português (falar).
b) Você .... muitos idiomas (falar).
c) Eu não .... inglês (falar).
d) Ela .... alemão (falar).
e) Ele não .... francês (falar).
f) Você .... italiano? (falar).
g) Eu .... japonês todos os dias (estudar).
h) Ele .... francês de noite (estudar).
i) Você .... português todos os dias (estudar).
j) Ela .... inglês de manhã e de tarde (estudar).
k) Eu .... francês de noite (estudar).
l) Eu não .... de manhã (estudar).

2. Fill in the blanks using the correct conjugation for the pronoun "she", then check your answers in Section 11.

Idiomas

O nome dela é Camila. Ela ....fala........ (falar) muitos idiomas. Ela .... (falar) português, espanhol e inglês. Ela não............................ (falar) francês. Ela .... (estudar) idiomas todos os dias. Ela .... (estudar) espanhol de tarde, e ela .... (estudar) inglês de noite.

10. Practice: About You

In this section, you should answer the questions based on your own preferences. There are no right or wrong answers, and you will not find answers at the end of the chapter.

Answer the questions below using the words introduced in Sections 5 and 8:

a) Você fala muitos idiomas?
b) Você fala português?
c) Você fala inglês?
d) Você fala espanhol?
e) Você fala francês?

f) Quais idiomas você fala?
g) Você estuda português todos os dias?
h) Você estuda português de manhã?
i) Você estuda português de tarde?
j) Você estuda português de noite?
k) Quais idiomas você estuda?

11. Answers

6. Practice: Questions about the short story
a) True.
b) False.
c) True.
d) True.
e) True.
f) True.
g) False.

9. Practice: Fill in the blanks
1. Complete the sentences:
a) Eu falo português (falar).
b) Você fala muitos idiomas (falar).
c) Eu não falo inglês (falar).
d) Ela fala alemão (falar).
e) Ele não fala francês (falar).
f) Você fala italiano? (falar).
g) Eu estudo japonês todos os dias (estudar).
h) Ele estuda francês de noite (estudar).
i) Você estuda português todos os dias (estudar).
j) Ela estuda inglês de manhã e de tarde (estudar).
k) Eu estudo francês de noite (estudar).
l) Eu não estudo de manhã (estudar).

2. O nome dela é Camila. Ela fala (falar) muitos idiomas. Ela fala (falar) português, espanhol e inglês. Ela não fala (falar) francês. Ela estuda (estudar) idiomas todos os dias. Ela estuda (estudar) espanhol de tarde, e ela estuda (estudar) inglês de noite.

CHAPTER 03 – TRABALHAR AND JOGAR

1. Chapter Objectives

- Learn the verbs "trabalhar" (to work) and "jogar" (to play).
- Learn about definite and indefinite articles (Section 7).
- Read the short story (Section 4) and understand how the chapter verbs can be used in everyday situations.
- Practice with comprehension exercises, fill-in-the-blanks and writing exercises (Sections 6, 9, and 10), and check your answers in Section 11.
- Learn vocabulary about places, jobs, and games (Sections 5 and 8).

2. Chapter Verbs

This chapter introduces the following verbs:

Trabalhar
To work
Jogar
To play

3. Verb Conjugation

Learn the present tense conjugation of the chapter verbs and see the corresponding English translation:

TRABALHAR	-	**TO WORK**
Eu trabalho	-	I work
Você trabalha	-	You work

Ele trabalha - He works
Ela trabalha - She works

JOGAR - TO PLAY
Eu jogo - I play
Você joga - You play
Ele joga - He plays
Ela joga - She plays

The verbs "trabalhar" (to work) and "jogar" (to play) are regular verbs, and all the regular verbs ending in "-ar" have a similar verb conjugation. You can find more information about regular verbs in Chapter 12.

4. Short Story
Read the following short story and understand how the chapter verbs can be used in everyday situations:

Emprego

O meu nome é Fernando. Eu trabalho de manhã e de tarde. Eu trabalho em um supermercado. Nos fins de semana, eu trabalho em um restaurante. Nas horas livres, eu jogo futebol e eu jogo cartas com amigos.

Note: You can find the translation of this story at the end of the book.

5. Vocabulary
In Section 4, we introduced some new words in Portuguese. Here is the English translation of those words:
Amigos - Friends
Cartas - Cards
Com - With
De manhã - In the morning
De tarde - In the afternoon
Em - At
Emprego - Job
Futebol - Football

Nas horas livres - On free time
Nos fins de semana - On weekends
Restaurante - Restaurant
Supermercado - Supermarket
Um, uma - A

6. Practice: Questions about the Short Story

Read the short story again and answer the questions below with either "true" or "false". Check your answers in Section 11.

a) ( ) Ele não trabalha.
b) ( ) Ele trabalha em um supermercado.
c) ( ) Ele trabalha de noite.
d) ( ) Ele trabalha de manhã e de tarde.
e) ( ) Ele trabalha nos fins de semana.
f) ( ) Nos fins de semana, ele trabalha em um hospital.
g) ( ) Nas horas livres, ele joga basquete.
h) ( ) Ele não joga futebol.
i) ( ) Ele joga cartas com amigos.

7. Definite and Indefinite Articles

The following are the definite and indefinite articles in Portuguese:

Definite articles
o (masculine) - the
a (feminine) - the

Indefinite articles
um (masculine) - a, an
uma (feminine) - a, an

Portuguese has gendered articles, with a masculine form and a feminine form. When the noun ends with "o", it's normally a masculine noun, so we need to use the masculine article. For example:

Carr**o** (masculine noun)
Masculine articles:

O carr**o** = the car
Um carr**o** = a car

When the noun ends with "a", it's normally a feminine noun, so we need to use the feminine article. For example:

Cas**a** (feminine noun)
Feminine articles:
A cas**a** = the house
Uma cas**a** = a house

See more examples:
O supermercad**o** - **The** supermarket
A escol**a** - **The** school
Um supermercad**o** - **A** supermarket
Uma escol**a** - **A** school
Eu trabalho em **um** supermercad**o** - I work at **a** supermarket
Eu trabalho em **uma** escol**a** - I work at **a** school

Note: There are exceptions. Some words don't end in "-a" or "-o" and can be feminine or masculine. For example, "restaurante" (restaurant) ends with "-e". In this specific case, restaurant is a masculine noun, and needs a masculine article: "o restaurante". You will have to memorize which words these are masculine and feminine.

Note: Section 9.3 contains extra activities on this topic, which you can use to practice and improve your skills.

8. Useful Words

Here are some new words that will help you understand and complete the activities in Sections 9 and 10:
Banco - Bank
Boliche - Bowling
Casa - House
Escola - School
Farmácia - Drugstore
Floricultura - Flower shop

Hospital - Hospital
Loja - Store
O que - What
Onde - Where
Videogame - Videogame
Vôlei - Volleyball
Xadrez - Chess

9. Practice: Fill in the Blanks

1. Complete the sentences with the correct conjugation of the verbs. If you need help, consult the table in Section 3. And when you're done, check your answers in Section 11.

a) Eu ....trabalho.......... em um hospital (trabalhar).
b) Ele .... em uma escola (trabalhar).
c) Você .... em uma farmácia (trabalhar).
d) Eu não .... em um restaurante (trabalhar).
e) Ele .... em um banco todos os dias (trabalhar).
f) Ela .... em uma floricultura de manhã (trabalhar).
g) Você não .... em um supermercado (trabalhar).
h) Ele .... em uma loja nos fins de semana (trabalhar).
i) Eu .... em casa (trabalhar).
j) Eu .... boliche com amigos (jogar).
k) Ele .... videogame de noite (jogar).
l) Ela .... xadrez (jogar).
m) Eu não .... cartas (jogar).
n) Você .... futebol nos fins de semana (jogar).

2. Fill in the blanks using the correct conjugation for the pronoun "he", then check your answers in Section 11.

Emprego

O nome dele é Fernando. Ele ......trabalha....... (trabalhar) de manhã e de tarde. Ele .... (trabalhar) em um supermercado. Nos fins de semana, ele .... (trabalhar) em um restaurante. Nas horas livres, ele .... (jogar) futebol e ele .... (jogar) cartas com amigos.

3. Complete the sentences with the correct articles. If you need help, consult the table in Section 7. And when you're done, check your answers in Section 11.

a) .... Água (the water).
b) .... Suco (the juice).
c) .... Banana (the banana).
d) .... Morango (the strawberry).
e) .... Ovo (the egg).
f) .... Frango (the chicken).
g) .... Biscoito (the cookie).
h) .... Escola (the school).
i) .... Farmácia (the drugstore).
j) .... Banco (a bank).
k) .... Loja (a store).
l) .... Casa (a house).
m) .... Supermercado (a supermarket).

10. Practice: About You

In this section, you should answer the questions based on your own preferences. There are no right or wrong answers, and you will not find answers at the end of the chapter.

Answer the questions below using the words introduced in Sections 5 and 8:

a) Você trabalha?
b) Onde você trabalha?
c) Você trabalha de manhã?
d) Você trabalha de tarde?
e) Você trabalha de noite?
f) Você trabalha nos fins de semana?
g) O que você joga nas horas livres?
h) Você joga futebol?
i) Você joga vôlei?
j) Você joga boliche?
k) Você joga xadrez?

l) Você joga videogame?

11. Answers

6. Practice: Questions about the short story
a) False.
b) True.
c) False.
d) True.
e) True.
f) False.
g) False.
h) False.
i) True.

9. Practice: Fill in the blanks
1. Complete the sentences:
a) Eu trabalho em um hospital (trabalhar).
b) Ele trabalha em uma escola (trabalhar).
c) Você trabalha em uma farmácia (trabalhar).
d) Eu não trabalho em um restaurante (trabalhar).
e) Ele trabalha em um banco todos os dias (trabalhar).
f) Ela trabalha em uma floricultura de manhã (trabalhar).
g) Você não trabalha em um supermercado (trabalhar).
h) Ele trabalha em uma loja nos fins de semana (trabalhar).
i) Eu trabalho em casa (trabalhar).
j) Eu jogo boliche com amigos (jogar).
k) Ele joga videogame de noite (jogar).
l) Ela joga xadrez (jogar).
m) Eu não jogo cartas (jogar).
n) Você joga futebol nos fins de semana (jogar).

2. O nome dele é Fernando. Ele trabalha (trabalhar) de manhã e de tarde. Ele trabalha (trabalhar) em um supermercado. Nos fins de semana, ele trabalha (trabalhar) em um restaurante. Nas horas livres, ele joga (jogar) futebol e ele joga (jogar) cartas com amigos.

3. Complete the sentences with the correct articles.
a) a água (the water).
b) o suco (the juice).
c) a banana (the banana).
d) o morango (the strawberry).
e) o ovo (the egg).
f) o frango (the chicken).

g) o biscoito (the cookie).
h) a escola (the school).
i) a farmácia (the drugstore).
j) um banco (a bank).
k) uma loja (a store).
l) uma casa (a house).
m) um supermercado (a supermarket).

CHAPTER 04 – GOSTAR

1. Chapter Objectives

- Learn the regular verb "gostar" (to like) and grammar rules (Section 6).
- Read the short story (Section 4) and understand how the chapter verb can be used in everyday situations.
- Practice with comprehension exercises, fill-in-the-blanks, and writing exercises (Sections 7, 9 and 10), and check your answers in Section 11.
- Learn vocabulary about food and hobbies (Sections 5 and 8).

2.Chapter Verb

This chapter introduces the following verb:

Gostar
To like

3. Verb Conjugation

Learn the present tense conjugation of the chapter verb and see the corresponding English translation:

GOSTAR	-	**TO LIKE**
Eu gosto	-	I like
Você gosta	-	You like
Ele gosta	-	He likes
Ela gosta	-	She likes

The verb "gostar" (to like) is a regular verb, and all the regular verbs ending in "-ar" have a similar verb conjugation. You can find more information about regular verbs in Chapter 12.

4. Short Story

Read the following short story and understand how the chapter verb can be used in everyday situations:

Comidas, bebidas e hobbies

O meu nome é Bruna. Eu gosto de muitas coisas. Sobre comidas, eu gosto de comer massa, hambúrguer e batata frita. Sobre bebidas, eu gosto de beber suco de uva. Sobre sobremesas, eu gosto de sorvete. Sobre hobbies, eu gosto de jogar vôlei e eu gosto de jogar boliche.

Note: You can find the translation of this story at the end of the book.

5.Vocabulary

In Section 4, we introduced some new words in Portuguese. Here is the English translation of those words:
Batata frita - French fries
Bebidas - Drinks/beverages
Boliche - Bowling
Coisas - Things
Comidas - Food
E - And
Muitas - Many
Sobre - About
Sobremesa - Dessert
Sorvete - Ice cream
Suco de uva - Grape juice
Vôlei - Volleyball

6. Grammar

The preposition "de" is always used after the verb "gostar" to indicate what the person likes.

Gostar + de

Examples:
Eu **gosto de** chocolate - I **like** chocolate
Você **gosta de** pizza - You **like** pizza
Ele **gosta de** comer sorvete - He **likes** to eat ice cream
Ela **gosta de** beber café - She **likes** to drink coffee

7. Practice: Questions about the Short Story

Read the short story again and answer the questions below. Check your answers in Section 11.

a) O que Bruna gosta de comer?
b) O que Bruna gosta de beber?
c) Qual sobremesa Bruna gosta?
d) Sobre hobbies, o que Bruna gosta de fazer?

8. Useful Words

Here are some new words that will help you understand and complete the activities in Sections 9 and 10:

Abacaxi - Pineapple
Bolo - Cake
Cachorro - Dog
Chocolate - Chocolate
Gato - Cat
Lasanha - Lasagna
Maçã - Apple
Torta - Pie
Vinho - Wine

9. Practice: Fill in the Blanks

1. Complete the sentences with the correct conjugation of the verbs. If you need help, consult the table in Section 3. And when you're done, check your answers in Section 11.

a) Eu ....gosto.......... de comer abacaxi (gostar).
b) Eu não .... de beber café (gostar).
c) Ela .... de batata frita (gostar).
d) Ele não .... de jogar xadrez (gostar).
e) Eu .... de estudar português (gostar).
f) Você .... de falar espanhol (gostar).
g) Eu .... de bolo (gostar).
h) Ele .... de beber vinho (gostar).
i) Você .... de comer morango (gostar).

2. Fill in the blanks using the correct conjugation for the pronoun

"she", then check your answers in Section 11.

Comidas, bebidas e hobbies

O nome dela é Bruna. Ela ....gosta....... (gostar) de muitas coisas. Sobre comidas, ela .... (gostar) de comer massa, hambúrguer e batata frita. Sobre bebidas, ela .... (gostar) de beber suco de uva. Sobre sobremesas, ela .... (gostar) de sorvete. Sobre hobbies, ela .... (gostar) de jogar vôlei e ela .... (gostar) de jogar boliche.

10. Practice: About You

In this section, you should answer the questions based on your own preferences. There are no right or wrong answers, and you will not find answers at the end of the chapter.

1. Answer the questions below:

a) Você gosta de salada?
b) Você gosta de massa?
c) Você gosta de peixe?
d) Você gosta de lasanha?
e) Você gosta de chocolate?
f) Você gosta de sorvete?
g) Você gosta de suco de maçã?
h) Você gosta de cerveja?
i) Você gosta de beber leite?
j) Você gosta de beber chá?
k) Você gosta de estudar português?
l) Você gosta de trabalhar nos fins de semana?
m) Você gosta de trabalhar de casa?
n) Você gosta de cachorros?
o) Você gosta de gatos?

2. Answer the following questions. Use the words in Section 5 and 8 to help you answer the questions.

O que você gosta de comer? What do you like to eat?
O que você gosta de beber? What do you like to drink?

11. Answers

7. Practice: Questions about the short story
a) Ela gosta de comer massa, hambúrguer e batata frita.
b) Ela gosta de beber suco de uva.
c) Ela gosta de sorvete.
d) Ela gosta de jogar vôlei e boliche.

9. Practice: Fill in the blanks
1. Complete the sentences:
a) Eu gosto de comer abacaxi (gostar).
b) Eu não gosto de beber café (gostar).
c) Ela gosta de batata frita (gostar).
d) Ele não gosta de jogar xadrez (gostar).
e) Eu gosto de estudar português (gostar).
f) Você gosta de falar espanhol (gostar).
g) Eu gosto de bolo (gostar).
h) Ele gosta de beber vinho (gostar).
i) Você gosta de comer morango (gostar).

2. O nome dela é Bruna. Ela gosta (gostar) de muitas coisas. Sobre comidas, ela gosta (gostar) de comer massa, hambúrguer e batata frita. Sobre bebidas, ela gosta (gostar) de beber suco de uva. Sobre sobremesas, ela gosta (gostar) de sorvete. Sobre hobbies, ela gosta (gostar) de jogar vôlei e ela gosta (gostar) de jogar boliche.

CHAPTER 05 – QUERER

1. Chapter Objectives

- Learn the irregular verb "querer" (to want).
- Read the short story (Section 4) and understand how the chapter verb can be used in everyday situations.
- Practice with comprehension exercises, fill-in-the-blanks and writing exercises (Sections 6, 8, and 9), and check your answers in Section 10.
- Learn vocabulary about food, beverages, and places (Sections 5 and 7).

2. Chapter Verb

This chapter introduces the following verb:

Querer
To want

3. Verb Conjugation

Learn the present tense conjugation of the chapter verb and see the corresponding English translation:

QUERER	-	**TO WANT**
Eu quero	-	I want
Você quer	-	You want
Ele quer	-	He wants
Ela quer	-	She wants

Note: The verb "querer" (to want) is an irregular verb with a distinct conjugation, and we must memorize it.

4. Short Story

Read the following short story and understand how the chapter verb can be used in everyday situations:

Hoje

O meu nome é Mateus. Eu trabalho todos os dias. Eu trabalho em uma loja. Hoje, eu quero ir ao restaurante. Eu quero comer massa, e eu quero beber suco de abacaxi.

O nome do meu primo é Fábio. Ele trabalha em uma escola. Hoje, ele também quer ir ao restaurante. Ele quer ir ao restaurante comigo. Ele quer comer bife e salada, e ele quer beber cerveja.

Note: You can find the translation of this story at the end of the book.

5. Vocabulary

In Section 4, we introduced some new words in Portuguese. Here is the English translation of those words:

Abacaxi - Pineapple
Ao - To the
Bife - Steak
Cerveja - Beer
Comigo - With me
Em - At
Escola - School
Hoje - Today
Ir - To go
Loja - Store
Massa - Pasta
Primo - Cousin
Salada - Salad
Também - Also

6. Practice: Questions about the Short Story

Read the short story again and answer the questions below. Check your answers in Section 10.

a) Onde Mateus trabalha?
b) Para onde Mateus quer ir hoje?
c) O que ele quer comer?
d) O que ele quer beber?
e) Onde Fábio trabalha?

f) O que ele quer comer?
g) O que ele quer beber?

7. Useful Words

Here are some new words that will help you understand and complete the activities in Sections 8 and 9:
Alguma coisa - Something, anything
Museu - Museum
Parque - Park

8. Practice: Fill in the Blanks

1. Complete the sentences with the correct conjugation of the verbs. If you need help, consult the table in Section 3. And when you're done, check your answers in Section 10.
a) Eu ......quero........ estudar alemão hoje (querer).
b) Eu não .... falar agora (querer).
c) Eu .... comer bife (querer).
d) Ela .... comer salada (querer).
e) Você .... beber alguma coisa (querer)?
f) Ele .... comer peixe, arroz e legumes (querer).
g) Eu não .... trabalhar hoje (querer).
h) Ela .... trabalhar em uma escola (querer).
i) Você .... trabalhar em um hospital (querer).
j) Eu .... ir ao museu (querer).
k) Ele .... ir ao parque (querer).

2. Fill in the blanks using the correct conjugation for the pronoun "he", then check your answers in Section 10.

Hoje

O nome dele é Mateus. Ele ....trabalha....... (trabalhar) todos os dias. Ele .... (trabalhar) em uma loja. Hoje, ele .... (querer) ir ao restaurante. Ele .... (querer) comer massa, e ele .... (querer) beber suco de abacaxi.

9. Practice: About You

In this section, you should answer the questions based on your own preferences. There are no right or wrong answers, and you will not find answers at the end of the chapter.

1. O que você quer comer no jantar?
( ) Eu quero comer hambúrguer.
( ) Eu quero comer pizza.
( ) Eu quero comer batata frita .
( ) Eu quero comer salada.
( ) Eu quero comer bife e arroz.
( ) Eu quero comer massa.
( ) Eu quero comer arroz e feijão.
( ) Eu quero comer peixe.
( ) ....

2. O que você quer beber no jantar?
( ) Eu quero beber água.
( ) Eu quero beber suco.
( ) Eu quero beber chá.
( ) Eu quero beber cerveja.
( ) Eu quero beber vinho.
( ) ....

3. O que você quer fazer hoje?
( ) Eu quero trabalhar.
( ) Eu quero estudar português.
( ) Eu quero estudar inglês.
( ) Eu quero estudar alemão.
( ) Eu quero jogar futebol.
( ) Eu quero jogar boliche.
( ) Eu quero jogar cartas.
( ) ....

10. Answers

6. Practice: Questions about the short story
a) Mateus trabalha em uma loja.
b) Ele quer ir ao restaurante.
c) Ele quer comer massa.
d) Ele quer beber suco.
e) Fábio trabalha em uma escola.

f) Ele quer comer bife e salada.
g) Ele quer beber cerveja.

8. Practice: Fill in the blanks
1. Complete the sentences:
a) Eu quero estudar alemão hoje (querer).
b) Eu não quero falar agora (querer).
c) Eu quero comer bife (querer).
d) Ela quer comer salada (querer).
e) Você quer beber alguma coisa? (querer)
f) Ele quer comer peixe, arroz e legumes (querer).
g) Eu não quero trabalhar hoje (querer).
h) Ela quer trabalhar em uma escola (querer).
i) Você quer trabalhar em um hospital (querer).
j) Eu quero ir ao museu (querer).
k) Ele quer ir ao parque (querer).

2. O nome dele é Mateus. Ele trabalha (trabalhar) todos os dias. Ele trabalha (trabalhar) em uma loja. Hoje, ele quer (querer) ir ao restaurante. Ele quer (querer) comer massa, e ele quer (querer) beber suco de abacaxi.

CHAPTER 06 – IR

1. Chapter Objectives

- Learn the irregular verb "ir" (to go).
- Learn how to use "para o" and "para a" (both meaning "to the" in English) and their respective contractions (Section 6).
- Read the short story (Section 4) and understand how the chapter verb can be used in everyday situations.
- Practice with comprehension exercises, fill-in-the-blanks, and writing exercises (Sections 7, 9, and 10), and check your answers in Section 11.
- Learn vocabulary about places (Sections 5 and 8).

2. Chapter Verb

This chapter introduces the following verb:

Ir
To go

3. Verb Conjugation

Learn the present tense conjugation of the chapter verb and see the corresponding English translation:

IR	-	**TO GO**
Eu vou	-	I go
Você vai	-	You go
Ele vai	-	He goes
Ela vai	-	She goes

Note: The verb "ir" (to go) is an irregular verb with a distinct conjugation, and we must memorize it.

4. Short Story

Read the following short story and understand how the chapter verb can be used in everyday situations:

Lugares

O meu nome é Maria. Eu trabalho em um escritório. Eu trabalho de manhã e de tarde. Todos os dias, eu vou ao escritório e, depois, eu vou à academia. Às vezes, eu vou ao supermercado. De noite, eu vou à universidade. Eu estudo Direito.

Nos fins de semana, eu vou ao parque, ao museu ou ao zoológico. Eu também gosto de ir ao restaurante com amigos.

Note: You can find the translation of this story at the end of the book.

5. Vocabulary

In Section 4, we introduced some new words in Portuguese. Here is the English translation of those words:

À - To the
Academia - Gym
Amigos - Friends
Ao - To the
Às vezes - Sometimes
De manhã - In the morning
De tarde - In the afternoon
De noite - At night
Depois - After, then
Direito - Law
Escritório - Office
Lugares - Places
Museu - Museum
Nos fins de semana - On weekends
Ou - Or
Parque - Park
Também - Also
Universidade - University
Zoológico - Zoo

6. Grammar

"To the" in English can be translated as "para o" (masculine) or "para a" (feminine) in Portuguese, depending on the gender of the noun.

Para o	=	to the
Para a	=	to the

When the noun is masculine, you should use “para o”. When the noun is feminine, you should use “para a”.

In the case of "supermercado", which is a masculine noun that ends with "o", you would use "para o". For example:

Eu vou **para o** supermercad**o** - I go **to the** supermarket

In the case of "farmácia", which is a feminine noun that ends with "a", you would use "para a". For example:
Eu vou **para a** farmáci**a** - I go **to the** drugstore

Additionally, there are contractions to express the same idea. Look below:

Para o	=	ao
Para a	=	à

Examples:
Eu vou **para o** supermercad**o.**
Eu vou **ao** supermercad**o.**

Eu vou **para a** escol**a.**
Eu vou **à** escol**a.**

You can use both ways. Both are correct and widely used in the Portuguese language.

7. Practice: Questions about the Short Story
Read the short story again and answer the questions below with either “true” or “false”. Check your answers in Section 11.
a) (   ) Ela trabalha em uma escola.
b) (   ) Ela trabalha de manhã e de tarde.
c) (   ) Todos os dias, ela vai ao escritório.
d) (   ) Todos os dias, ela vai à academia.

e) (   ) De noite, ela vai à universidade.
f) (   ) Ela estuda Direito.
g) (   ) Nos fins de semana, ela vai ao parque.
h) (   ) Ela não vai ao museu.
i) (   ) Ela gosta de ir ao restaurante.
j) (   ) Ela vai ao restaurante com amigos.

8. Useful Words

Here are some new words that will help you understand and complete the activities in Sections 9 and 10:

Alemanha - Germany
Austrália - Australia
Banco - Bank
Brasil - Brazil
Cafeteria - Coffee shop
Cinema - Movie theater
Espanha - Spain
Estados Unidos - United States of America
Farmácia - Drugstore
Férias - Vacation
França - France
Itália - Italy
México - Mexico
Portugal - Portugal
Posto de gasolina - Gas station
Praia - Beach
Teatro - Theater

9. Practice: Fill in the Blanks

1. Complete the sentences with the correct conjugation of the verbs. If you need help, consult the table in Section 3. And when you're done, check your answers in Section 11.

a) Eu ....vou........ ao supermercado (ir).
b) Ela .... ao banco (ir).
c) Você .... ao restaurante (ir).
d) Ele .... ao posto de gasolina (ir).

e) Eu não .... à farmácia (ir).
f) Ela .... à cafeteria (ir).
g) Eu .... ao cinema (ir).

2. Fill in the blanks using the correct conjugation for the pronoun "she", then check your answers in Section 11.

Lugares

O nome dela é Maria. Ela ....trabalha......... (trabalhar) em um escritório. Ela .... (trabalhar) de manhã e de tarde. Todos os dias, ela .... (ir) ao escritório e, depois, ela .... (ir) à academia. Às vezes, ela .... (ir) ao supermercado. De noite, ela .... (ir) à universidade. Ela .... (estudar) Direito.

Nos fins de semana, ela .... (ir) ao parque, ao museu ou ao zoológico. Ela também .... (gostar) de ir ao restaurante com amigos.

10. Practice: About You

In this section, you should answer the questions based on your own preferences. There are no right or wrong answers, and you will not find answers at the end of the chapter.

Read and answer the following questions:

1. Para onde você quer ir nas férias?
( ) Eu quero ir para o Brasil.
( ) Eu quero ir para o México.
( ) Eu quero ir para a Austrália.
( ) ....

2. Para onde você quer ir no fim de semana?
( ) Eu quero ir ao parque.
( ) Eu quero ir ao cinema.
( ) Eu quero ir ao teatro.
( ) Eu quero ir ao zoológico.
( ) Eu quero ir ao restaurante.
( ) ....

11. Answers

7. Practice: Questions about the Short Story

a) False.
b) True.
c) True.
d) True.
e) True.
f) True.
g) True.
h) False.
i) True.
j) True.

9. Practice: Fill in the Blanks

1. Complete the sentences:

a) Eu vou ao supermercado (ir).
b) Ela vai ao banco (ir).
c) Você vai ao restaurante (ir).
d) Ele vai ao posto de gasolina (ir).
e) Eu não vou à farmácia (ir).
f) Ela vai à cafeteria (ir).
g) Eu vou ao cinema (ir).

2. O nome dela é Maria. Ela trabalha (trabalhar) em um escritório. Ela trabalha (trabalhar) de manhã e de tarde. Todos os dias, ela vai ao escritório e, depois, ela vai à academia. Às vezes, ela vai ao supermercado. De noite, ela vai à universidade. Ela estuda (estudar) Direito. Nos fins de semana, ela vai (ir) ao parque, ao museu ou ao zoológico. Ela também gosta (gostar) de ir ao restaurante com amigos.

CHAPTER 07 – TER

1. Chapter Objectives

- Learn the irregular verb "ter" (to have).
- Learn numbers (Section 9).
- Learn how to form the plural of nouns and articles (Section 10).
- Read the short story (Section 4) and understand how the chapter verb can be used in everyday situations.
- Practice with comprehension exercises, fill-in-the-blanks, and writing exercises (Sections 6, 8, and 11), and check your answers in Section 12.
- Learn vocabulary about things and animals (Sections 5 and 7).

2. Chapter Verb

This chapter introduces the following verb:

Ter

To have

3. Verb Conjugation

Learn the present tense conjugation of the chapter verb and see the corresponding English translation:

TER	-	**TO HAVE**
Eu tenho	-	I have
Você tem	-	You have
Ele tem	-	He has
Ela tem	-	She has

The verb "ter" (to have) is an irregular verb with a distinct conjugation, and we must memorize it.

In the Portuguese language, we use the verb "ter" to express age. For example:

Eu tenho 40 anos - I am 40 years old.
Ela tem 22 anos - She is 22 years old.

4. Short Story

Read the following short story and understand how the chapter verb can be used in everyday situations:

Animais, esportes e jogos

O meu nome é Marcos. Eu tenho 25 anos. Eu gosto de animais. Eu tenho um cachorro, um gato e dois peixes. Eu também gosto de fazer esportes, por isso, eu tenho uma bicicleta. Além disso, eu gosto de jogar videogame, e eu tenho muitos jogos.

Note: You can find the translation of this story at the end of the book.

5. Vocabulary

In Section 4, we introduced some new words in Portuguese. Here is the English translation of those words.

Além disso - Additionally
Anos - Years old, years
Bicicleta - Bike
Cachorro - Dog
Dois - Two
Esportes - Sports
Fazer - To do
Gato - Cat
Jogos - Games
Peixe - Fish
Por isso - Therefore
Um - One

6. Practice: Questions about the Short Story

Read the short story again and answer the questions below with either “true” or “false”. Check your answers in Section 12.

a) (   ) Mateus tem 27 anos.
b) (   ) Ele gosta de animais.
c) (   ) Ele tem um cachorro.

d) (   ) Ele tem um gato.
e) (   ) Ele tem um peixe.
f) (   ) Ele não gosta de fazer esportes.
g) (   ) Ele tem uma bicicleta.
h) (   ) Ele gosta de jogar videogame.
i) (   ) Ele não tem muitos jogos.

7. Useful Words

Here are some new words that will help you understand and complete the activities in Sections 8 and 11:

Apartamento - Apartment
Caderno - Notebook
Carro - Car
Casa - House
Celular - Cell phone
Chave - Key
Filhos - Children
Irmãos - Sibling
Laptop/notebook - Laptop
Livro - Book
Primos - Cousins

8. Practice: Fill in the Blanks

1. Complete the sentences with the correct conjugation of the verbs. If you need help, consult the table in Section 3. And when you're done, check your answers in Section 12.

a) Eu ....tenho........... um cachorro (ter).
b) Eu não .... gatos (ter).
c) Eu também não .... peixes (ter).
d) Ela .... uma bicicleta (ter), e ele .... um carro (ter).
e) Você também .... uma bicicleta (ter).
f) Eu .... 25 anos (ter).
g) Você .... 32 anos (ter).
h) Ele também .... 32 anos (ter).
i) Eu tenho .... 2 irmãos (ter).

j) Você .... muitos primos (ter).
k) Eu .... muitos livros (ter).
l) Ele .... muitos jogos (ter).
m) Eu .... um celular (ter).

2. Fill in the blanks using the correct conjugation for the pronoun "he", then check your answers in Section 12.

Animais, esportes e jogos

O meu dele é Marcos. Ele ....tem........... (ter) 25 anos. Ele .... (gostar) de animais. Ele .... (ter) um cachorro, um gato e dois peixes. Ele também .... (gostar) de fazer esportes, por isso, ele .... (ter) uma bicicleta. Além disso, ele .... (gostar) de jogar videogame, e ele .... (ter) muitos jogos.

9. Numbers

Learn the numbers from 1 to 10 in the Portuguese language:

1 - Um
2 - Dois
3 - Três
4 - Quatro
5 - Cinco
6 - Seis
7 - Sete
8 - Oito
9 - Nove
10 - Dez

10. Forming Plurals

To create the plural form of nouns, we need to add -s to the end of the noun.

Um cachorro - One dog
Dois cachorro**s** - Two dog**s**

Um carro - One car
Dois carro**s** - Two car**s**

To create the plural form of articles, we need to add -s to the end of the article as well.

A casa - The house
As casas - The houses

O carro The car
Os carros The cars

Note: There are some exceptions to this rule.

11. Practice: About You

In this section, you should answer the questions based on your own preferences. There are no right or wrong answers, and you will not find answers at the end of the chapter.
Answer the questions below using the words introduced in Sections 5 and 7:

a) Quantos anos você tem?
b) Você tem irmãos?
c) Você tem primos?
d) Você tem filhos?
e) Você tem um cachorro?
f) Você tem um gato?
g) Você tem uma bicicleta?
h) Você tem um carro?
i) Você tem um celular?
j) Você tem muitos livros?

12. Answers

6. Practice: Questions about the Short Story
a) False.
b) True.
c) True.
d) True.
e) False.
f) False.
g) True.
h) True.
i) False.

8. Practice: Fill in the Blanks
1. Complete the sentences:
a) Eu tenho um cachorro (ter).
b) Eu não tenho gatos (ter).
c) Eu também não tenho peixes (ter).
d) Ela tem uma bicicleta (ter), e ele tem um carro (ter).
e) Você também tem uma bicicleta (ter).
f) Eu tenho 25 anos (ter).
g) Você tem 32 anos (ter).
h) Ele também tem 32 anos (ter).
i) Eu tenho tenho 2 irmãos (ter).
j) Você tem muitos primos (ter).
k) Eu tenho muitos livros (ter).
l) Ele tem muitos jogos (ter).
m) Eu tenho um celular (ter).

2. O meu dele é Marcos. Ele tem (ter) 25 anos. Ele gosta (gostar) de animais. Ele tem (ter) um cachorro, um gato e dois peixes. Ele também gosta (gostar) de fazer esportes, por isso, ele tem (ter) uma bicicleta. Além disso, ele gosta (gostar) de jogar videogame, e ele tem (ter) muitos jogos.

CHAPTER 08 – PRECISAR

1. Chapter Objectives

- Learn the regular verb "precisar" (to need).
- Learn the days of the week (Section 6).
- Read the short story (Section 4) and understand how the chapter verb can be used in everyday situations.
- Practice with comprehension exercises, fill-in-the-blanks, and writing exercises (Sections 7, 8, 10, and 11), and check your answers in Section 12.
- Learn new words in Sections 5 and 9.

2. Chapter Verb

This chapter introduces the following verb:

Precisar
To need

3. Verb Conjugation

Learn the present tense conjugation of the chapter verb and see the corresponding English translation:

PRECISAR	-	TO NEED
Eu preciso	-	I need
Você precisa	-	You need
Ele precisa	-	He needs
Ela precisa	-	She needs

The verb "precisar" (to need) is a regular verb, and all the regular verbs ending in "-ar" have a similar verb conjugation. You can find more information about regular verbs in Chapter 12.

4. Short Story

Read the following short story and understand how the chapter verb can be used in everyday situations:

Esta semana

O meu nome é Alice. Nesta semana, eu preciso fazer muitas coisas. Na segunda-feira, eu preciso ir ao supermercado. Na terça-feira, eu preciso ir à farmácia. Na quarta-feira, eu preciso ir ao banco. Na quinta-feira, eu preciso ir à padaria. E, na sexta-feira, eu preciso ir à livraria.

Note: You can find the translation of this story at the end of the book.

5. Vocabulary

In Section 4, we introduced some new words in Portuguese. Here is the English translation of those words:

Banco - Bank
Coisas - Things
Esta - This
Farmácia - Drugstore
Fazer - To do
Ir - To go
Livraria - Bookstore
Muitas- Many
Na quarta-feira - On Wednesday
Na quinta-feira - On Thursday
Na segunda-feira - On Monday
Na sexta-feira - On Friday
Na terça-feira - On Tuesday
Nesta - In this
Padaria - Bakery
Semana - Week

6. Days of the week

Learn the days of the week:

Domingo - Sunday

Segunda-feira - Monday
Terça-feira -Tuesday
Quarta-feira - Wednesday
Quinta-feira - Thursday
Sexta-feira - Friday
Sábado - Saturday

7. Practice: Questions about the Short Story

Read the short story again and answer the questions below with either "true" or "false". Check your answers in Section 12.

a) ( ) Ela precisa fazer muitas coisas nesta semana.
b) ( ) Na segunda-feira, ela precisa ir à livraria.
c) ( ) Na terça-feira, ela precisa ir à padaria.
d) ( ) Na quarta-feira, ela precisa ir ao banco.
e) ( ) Na sexta-feira, ela precisa ir ao supermercado.

8. Practice: Write

Write where she needs to go. Check your answers in Section 12.
Onde ela precisa ir? Where does she need to go?
Na segunda-feira: Ela precisa ir ao supermercado.
Na terça-feira:
Na quarta-feira:
Na quinta-feira:
Na sexta-feira:

9. Useful Words

Here are some new words that will help you understand and complete the activities in Sections 10 and 11:
Academia - Gym
Amanhã - Tomorrow
No domingo - On Sunday
No sábado - On Saturday
Posto de gasolina - Gas Station
Próxima/próximo - Next

10. Practice: Fill in the Blanks

1. Complete the sentences with the correct conjugation of the

verbs. If you need help, consult the table in Section 3. And when you're done, check your answers in Section 12.

a) Eu ....preciso.......... estudar hoje (precisar).
b) Ela .... trabalhar agora (precisar).
c) Ele .... ir ao supermercado amanhã (precisar).
d) Você .... beber água (precisar).
e) Eu .... trabalhar nos fins de semana (precisar).
f) Ela não .... trabalhar nos sábados (precisar).
g) Você .... trabalhar amanhã? (precisar).
h) Eu .... estudar português hoje de noite (precisar).
i) Eu .... ir ao banco na próxima semana (precisar).
j) Ele .... ir à farmácia de tarde (precisar).
k) Você .... falar mais alto (precisar).

2. Fill in the blanks using the correct conjugation for the pronoun "she", then check your answers in Section 12.

Esta semana

O nome dela é Alice. Nesta semana, ela .... (precisar) fazer muitas coisas. Na segunda-feira, ela .... (precisar) ir ao supermercado. Na terça-feira, ela .... (precisar) ir à farmácia. Na quarta-feira, ela .... (precisar) ir ao banco. Na quinta-feira, ela .... (precisar) ir à padaria. E, na sexta-feira, ela .... (precisar) ir à livraria.

11. Practice: About You

In this section, you should answer the questions based on your own preferences. There are no right or wrong answers, and you will not find answers at the end of the chapter.

1) Answer the questions with "sim" (yes) or "não" (no):
a) Você precisa ir ao supermercado nesta semana?
b) Você precisa ir à academia nesta semana?
c) Você precisa ir à livraria nesta semana?
d) Você precisa ir ao posto de gasolina nesta semana?
e) Você precisa ir ao banco nesta semana?
f) Você precisa ir à farmácia nesta semana?

2) Write where you need to go this week. Use the words in Sections 6 and 9 to help you answer the question.
Onde você precisa ir nesta semana? Where do you need to go this week?
Na segunda-feira:
Na terça-feira:
Na quarta-feira:
Na quinta-feira:
Na sexta-feira:
No sábado:
No domingo:

12. Answers
7. Practice: Questions about the Short Story
a) True.
b) False.
c) False.
d) True.
e) False.

8. Practice: Write
Na segunda-feira - ela precisa ir ao supermercado.
Na terça-feira - ela precisa ir à farmácia.
Na quarta-feira - ela precisa ir ao banco.
Na quinta-feira - ela precisa ir à padaria.
Na sexta-feira - ela precisa ir à livraria.

10. Practice: Fill in the Blanks
1. Complete the sentences:
a) Eu preciso estudar hoje (precisar).
b) Ela precisa trabalhar agora (precisar).
c) Ele precisa ir ao supermercado amanhã (precisar).
d) Você precisa beber água (precisar).
e) Eu preciso trabalhar nos fins de semana (precisar).
f) Ela não precisa trabalhar nos sábados (precisar).
g) Você precisa trabalhar amanhã? (precisar).
h) Eu preciso estudar português hoje de noite (precisar).
i) Eu preciso ir ao banco na próxima semana (precisar).
j) Ele precisa ir à farmácia de tarde (precisar).
k) Você precisa falar mais alto (precisar).

2. O nome dela é Alice. Nesta semana, ela precisa (precisar) fazer muitas coisas. Na segunda-feira, ela precisa (precisar) ir ao supermercado. Na terça-feira, ela precisa (precisar) ir à farmácia. Na quarta-feira, ela precisa (precisar) ir ao banco. Na quinta-feira, ela precisa (precisar) ir à padaria. E, na sexta-feira, ela precisa (precisar) ir à livraria.

CHAPTER 09 – PREFERIR

1. Chapter Objectives

- Learn the irregular verb "preferir" (to prefer).
- Learn comparative conjunction "do que" (than) (Section 8).
- Learn possessive pronouns (Section 12).
- Read the short story (Section 4) and understand how the chapter verb can be used in everyday situations.
- Practice with comprehension exercises, fill-in-the-blanks, and writing exercises (Sections 6, 9, 10, 11, and 13), and check your answers in Section 14.
- Learn vocabulary about preferences (Sections 5 and 7).

2. Chapter Verb

This chapter introduces the following verb:

Preferir
To prefer

3. Verb Conjugation

Learn the present tense conjugation of the chapter verb and see the corresponding English translation:

PREFERIR	-	TO PREFER
Eu prefiro	-	I prefer
Você prefere	-	You prefer
Ele prefere	-	He prefers
Ela prefere	-	She prefers

Note: The verb "preferir" (to prefer) is an irregular verb with a distinct conjugation, and we must memorize it.

4. Short Story

Read the following short story and understand how the chapter verb can be used in everyday situations:

Restaurante

O meu nome é Rafael. No sábado, eu quero ir ao restaurante Sabor. Eu quero ir ao restaurante com a minha esposa. O nome dela é Helena. Eu quero comer carne, e ela quer comer peixe. Eu também quero beber vinho. Eu prefiro vinho tinto, e a minha esposa prefere vinho branco. Eu também quero comer sobremesa. Eu prefiro sorvete de morango, e a minha esposa prefere sorvete de chocolate.

Note: You can find the translation of this story at the end of the book.

5. Vocabulary

In Section 4, we introduced some new words in Portuguese. Here is the English translation of those words:

Com - With
Dela - Her
Esposa - Wife
Meu, Minha - My
Morango - Strawberry
Sobremesa - Dessert
Sorvete - Ice cream
Também - Also
Vinho Branco - White wine
Vinho Tinto - Red wine

6. Practice: Questions about the Short Story

Read the short story again and answer the questions below. Check your answers in Section 14.

a) Quando Rafael quer ir ao restaurante?
b) O que Rafael quer comer?
c) O que Helena quer comer?
d) Que tipo de vinho Rafael prefere?

e) Que tipo de sorvete Helena prefere?

7. Useful Words

Here are some new words that will help you understand and complete the activities in Sections 9 and 11:

Abacate - Avocado
Açúcar - Sugar
Ao ponto - Medium
Baunilha - Vanilla
Bem passado - Well done
Café com leite - Coffee with milk
Café preto - Black coffee
Chocolate ao leite - Milk chocolate
Chocolate branco - White Chocolate
Chocolate preto - Dark chocolate
Com - With
Espumante - Sparkling wine
Mal passado - Rare
Sem – Without, no
Tênis - Tennis

8. Grammar

Note that in Portuguese, the comparative conjunction 'than' is expressed by the combination of the preposition 'de' with the relative pronoun 'que', resulting in 'do que'. This construction is used to compare two things or actions.

do que = than

Examples:
Eu prefiro comer peixe do que carne - I prefer to eat fish than meat.
Ela prefere café do que chá - She prefers coffee than tea.
Ele prefere sorvete do que chocolate - He prefers ice cream than chocolate.

9. Practice: Fill in the Blanks

1. Complete the sentences with the correct conjugation of the verbs. If you need help, consult the table in Section 3. And when

you're done, check your answers in Section 14.

a) Eu ....prefiro......... comer chocolate branco (preferir).
b) Ele .... comer chocolate ao leite (preferir).
c) Você .... comer chocolate preto (preferir).
d) Eu .... beber café com leite (preferir).
e) Ela .... beber café preto (preferir).
f) Eu .... jogar futebol (preferir).
g) Você .... jogar tênis (preferir).
h) Ela .... jogar xadrez (preferir).
i) Eu .... estudar de manhã do que de tarde (preferir).
j) Ele .... beber cerveja do que vinho (preferir).
k) Ela .... beber água do que suco (preferir).
l) Eu .... ir ao cinema do que ao teatro (preferir).
m) Você .... ir ao museu do que ao zoológico (preferir).
n) Ele .... comer bife bem passado do que mal passado (preferir).
o) Ela .... comer bife ao ponto do que bife bem passado (preferir).
p) Eu .... café com açúcar do que café sem açúcar (preferir).

2. Fill in the blanks using the correct conjugation for the pronouns "he" and "she", then check your answers in Section 14.

No restaurante

O nome dele é Rafael. No sábado, ele ....quer....... (querer) ir ao restaurante Sabor. Ele .... (querer) ir ao restaurante com a esposa dele. O nome dela é Helena. Ele .... (querer) comer carne, e Helena .... (querer) comer peixe. Ele também .... (querer) beber vinho. Ele .... (preferir) vinho tinto, e Helena .... (preferir) vinho branco. Ele também .... (querer) comer sobremesa. Ele .... (preferir) sorvete de morango, e Helena .... (preferir) sorvete de chocolate.

10. Practice: Write

Write what Rafael and Helena prefer. Check your answers in Section 14.

Rafael

Comida: Ele prefere comer carne.
Bebida :
Sobremesa:

Helena

Comida:
Bebida: Ela prefere beber vinho branco.
Sobremesa:

11. Practice: About You

In this section, you should answer the questions based on your own preferences. There are no right or wrong answers, and you will not find answers at the end of the chapter.

O que você prefere? What do you prefer?

Água ou suco?
Chá ou café?
Cerveja ou vinho?
Sorvete ou chocolate?
Peixe ou carne?
Laranja ou banana?
Pizza ou hambúrguer?
Arroz ou massa?
Morango ou uva?
Bolo ou torta?
Café com leite ou café sem leite?
Café com açúcar ou café sem açúcar?
Biscoito ou pão?
Vinho ou espumante?
Vinho branco ou vinho tinto?
Abacate ou kiwi?
Manga ou abacaxi?

Suco de uva ou suco de morango?
Chocolate branco ou chocolate ao leite?
Sorvete de baunilha ou sorvete de chocolate?
Sanduíche ou hambúrguer?
Futebol ou vôlei?
Xadrez ou cartas?
Boliche ou videogame?
Cinema ou teatro?
Zoológico ou museu?
Parque ou praia?

Write some sentences. For example:
Eu prefiro água do que suco.

12. Possessive pronouns

Learn about some possessive pronouns in Portuguese:

Meu (masculine) - My
Minha (feminine) - My
Seu (masculine) - Your
Sua (feminine) - Your
Dele (don't change based on the noun they refer to) - His
Dela (don't change based on the noun they refer to) - Her

Possessive pronouns in Portuguese indicate ownership or possession of something by a person. They agree in gender and number with the noun they refer to. For example, if the noun is masculine, we use a masculine possessive pronoun such as "meu", and if the noun is feminine, we use a feminine possessive pronoun such as "minha".

For example:
Carr**o** (masculine noun) = car
Meu carr**o** (masculine possessive pronoun) = my car

Cas**a** (feminine noun) = home
Minha cas**a** (feminine possessive pronoun) = my home

The possessive pronouns "dele" (his) and "dela" (her) are exceptions to the rule of agreement with the gender and number of the noun. They don't change based on the noun they refer to. Instead, "dele" is always used for masculine possessive situations, and "dela" is always used for feminine possessive situations.

Here are some examples:

Meu carro - My car
Minha casa - My house
Seu carro - Your car
Sua casa - Your house
O carro **dele** - His car
A casa **dele** - His house
O carro **dela** - Her car
A casa **dela** - Her house

Note: Section 13 contains extra activities on this topic, which you can use to practice and improve your skills.

13. Practice: Activities about Possessive Pronouns

Complete the blanks with the correct possessive pronoun, see the corresponding English translation next to it. Check your answers in Section 14.

a) ....minha.... casa (my house).
b) ...meu.... apartamento (my apartment).
c) .... bicicleta (my bike).
d) .... cachorro (my dog)
e) .... apartamento (your apartment).
f) .... casa (your house).
g) .... carro (your car).
h) .... livro (your book).
i) .... semana (my week).
j) .... escritório (my office).
k) .... amigo (my friend, male).
l) .... amiga (my friend, female).
m) .... cerveja (my beer).
n) .... vinho (my wine).
o) .... suco (your juice)
p) .... água (your water).

q) O suco .... (his juice).
r) A água .... (his water).
s) O vinho .... (her wine).
t) A água .... (her water).

14. Answers
6. Practice: Questions about the Short Story
a) Ele quer ir ao restaurante no sábado.
b) Ele quer comer carne.
c) Ela quer comer peixe.
d) Ele prefere vinho tinto.
e) Ela prefere sorvete de chocolate.

9. Practice: Fill in the Blanks
1. Complete the sentences:
a) Eu prefiro comer chocolate branco (preferir).
b) Ele prefere comer chocolate ao leite (preferir).
c) Você prefere comer chocolate preto (preferir).
d) Eu prefiro beber café com leite (preferir).
e) Ela prefere beber café preto (preferir).
f) Eu prefiro jogar futebol (preferir).
g) Você prefere jogar tênis (preferir).
h) Ela prefere jogar xadrez (preferir).
i) Eu prefiro estudar de manhã do que de tarde (preferir).
j) Ele prefere beber cerveja do que vinho (preferir).
k) Ela prefere beber água do que suco (preferir).
l) Eu prefiro ir ao cinema do que ao teatro (preferir).
m) Você prefere ir ao museu do que ao zoológico (preferir).
n) Ele prefere comer bife bem passado do que mal passado (preferir).
o) Ela prefere comer bife ao ponto do que bife bem passado (preferir).
p) Eu prefiro café com açúcar do que café sem açúcar (preferir).

2. O nome dele é Rafael. No sábado, ele quer ir ao restaurante Sabor. Ele quer ir ao restaurante com a esposa dele. O nome dela é Helena. Ele quer comer carne, e Helena quer comer peixe. Ele também quer beber vinho. Ele prefere vinho tinto, e Helena prefere vinho branco. Ele também quer comer sobremesa. Ele prefere sorvete de morango, e Helena prefere (preferir) sorvete de chocolate.

10.Practice: Write
Rafael
Comida:Ele prefere comer carne.
Bebida: Ele prefere beber vinho tinto.
Sobremesa:Ele prefere comer sorvete de morango.
Helena
Comida: Ela prefere comer peixe.
Bebida: Ela prefere beber vinho branco.
Sobremesa: Ela prefere comer sorvete de chocolate.

13. Practice: Activities about Possessive Pronouns
a) Minha casa.
b) Meu apartamento.
c) Minha bicicleta.
d) Meu cachorro.
e) Seu apartamento.
f) Sua casa.
g) Seu carro.
h) Seu livro.
i) Minha semana.
j) Meu escritório.
k) Meu amigo.
l) Minha amiga.
m) Minha cerveja.
n) Meu vinho.
o) Seu suco.
p) Sua água.
q) O suco dele.
r) A água dele.
s) O vinho dela.
t) A água dela.

CHAPTER 10 – MORAR

1. Chapter Objectives

- Learn the regular verb "morar" (to live).
- Learn more subject pronouns (Section 3).
- Learn the adverbs of place "perto" and "longe" (near and far) (Section 9).
- Read the short story (Section 5) and understand how the chapter verb can be used in everyday situations.
- Practice with comprehension exercises, fill-in-the-blanks, and writing exercises (Sections 7, 10, and 11), and check your answers in Section 12.
- Learn vocabulary about cities and places (Sections 6 and 8).

2. Chapter Verb

This chapter introduces the following verb:

Morar
To live

3. Subject Pronouns

Learn other subject pronouns. Look below:

Nós - We
Vocês - You all
Eles - They (masculine pronoun and general pronoun)
Elas - They (feminine pronoun)

There are two additional subject pronouns in Portuguese: "tu" (informal singular "you") and "vós" (informal plural "you"), which have their own conjugation. However, we will not study them in this book because they are not commonly used in Brazil.

In Brazil, "vós" is not used in everyday speech and is considered archaic or formal. "Tu" is used in some regions, such as Rio Grande do Sul, for example. Even in regions where "tu" is used, many people don't conjugate it correctly. The pronoun "você" is the most common informal pronoun in Brazil and is used throughout the country.

4. Verb Conjugation

Learn the present tense conjugation of the chapter verb and see the corresponding English translation:

MORAR - TO LIVE
Eu moro - I live
Você mora - You live
Nós moramos - We live
Eles moram - They live

The verb "morar" (to live) is a regular verb, and all the regular verbs ending in "-ar" have a similar verb conjugation. You can find more information about regular verbs in Chapter 12.

It's important to remember that the verb conjugation of the pronouns "você", "ele" and "ela" is the same. For example:
Você mora (you live)
Ele mora (he lives)
Ela mora (she lives)

The conjugation of the pronouns "vocês", "eles" and "elas" is also the same. For example:
Vocês moram (you all live)
Eles moram (they live) - used to refer to a group of people that includes at least one male.
Elas moram (they live) - used to refer to a group of people that only includes females.

We use "eles" for a group of males. We use "elas" for a group of females. And when there is a group of males and females we use "eles".

See more examples:

Eles (They - group of people that includes only males)
Eu tenho dois irmãos. Eles moram em São Paulo - I have two brothers. They live in Sao Paolo.

Elas (They - group of people that only includes females)
Eu tenho duas irmãs. Elas moram em São Paulo – I have two sisters. They live in Sao Paolo.

Eles (They - group of people that includes at least one male)
Eu tenho uma irmã e um irmão. Eles moram em São Paulo - I have one brother and one sister. They live in Sao Paolo.

Note: Section 10 contains extra activities on this topic, which you can use to practice and improve your skills.

5. Short Story
Read the following short story and understand how the chapter verb can be used in everyday situations:

Apartamento

O meu nome é Isabela e eu tenho 23 anos. Eu moro em São Paulo. Eu moro sozinha. Eu moro no centro da cidade. Eu moro perto de um supermercado, de um parque e de muitos restaurantes, mas eu moro longe da universidade. Eu moro em um apartamento pequeno, mas muito confortável.

Note: You can find the translation of this story at the end of the book.

6. Vocabulary
In Section 5, we introduced some new words in Portuguese. Here is the English translation of those words:
Apartamento - Apartment
Centro - Downtown
Cidade - City
Confortável - Comfortable
Longe - Far
Mas - But
Muito - Very

Muitos - Many
Pequeno - Small
Perto - Near
Sozinho, sozinha - Alone
Universidade - University

7. Practice: Questions about the Short Story

Read the short story again and answer the questions below with either "true" or "false". Check your answers in Section 12.

a) (   ) Isabela tem 22 anos.
b) (   ) Ela mora em Florianópolis.
c) (   ) Ela mora com amigos.
d) (   ) Ela mora no centro da cidade.
e) (   ) Ela mora perto de um supermercado.
f) (   ) Ela mora perto de um parque.
g) (   ) Ela mora perto de muitos restaurantes.
h) (   ) Ela mora longe da universidade.
i) (   ) Ela mora em um apartamento grande.
j) (   ) Ela mora em um apartamento confortável.

8. Useful Words

Here are some new words that will help you understand and complete the activities in Sections 10 and 11:

Aeroporto - Airport
Amigos - Friends
Aqui - Here
Casa - Home/house
Família - Family
Grande - Big
Lá - There
Praia - Beach

9. Grammar

In this Section, you will learn about adverbs of place in Portuguese. Learn the adverbs "perto" (near/close) and "longe" (far):

Perto - Near/close
Longe - Far

In Portuguese, we use the preposition “de” with the adverbs of place “perto” and “longe” to indicate the relative distance between two objects or locations. In English, we can use the prepositions “to” or “from”. For example:

Eu moro **perto de** uma farmácia - I live **close to** a pharmacy
Eu moro **longe de** um supermercado - I live **far from** a supermarket

Note: You can find more examples in Section 10.1, and Section 9.3 contains extra activities on this topic.

10. Practice: Fill in the Blanks

1. Complete the sentences with the correct conjugation of the verbs. If you need help, consult the table in Section 4. And when you're done, check your answers in Section 12.

a) Eu ......moro....... em São Paulo (morar)
b) Você .... em Porto Alegre (morar)
c) Nós .... em Curitiba (morar)
d) Eles .... em Brasília (morar)
e) Ela .... sozinha (morar)
f) Nós .... com amigos (morar)
g) Eu .... em um apartamento pequeno (morar).
h) Ele .... em uma casa (morar).
i) Nós .... no centro da cidade (morar)
j) Vocês .... em uma casa confortável (morar).
k) Eu .... perto de muitos supermercados (morar).
l) Você .... longe de um aeroporto (morar).
m) Ela .... perto de muitos restaurantes (morar).
n) Nós .... longe da universidade (morar).

2. Fill in the blanks using the correct conjugation for the pronoun “she”, then check your answers in Section 12.

Apartamento

O nome dela é Isabela e ela ....tem....... (ter) 23 anos. Ela .... (morar) em São Paulo. Ela .... (morar) sozinha. Ela .... (morar) no centro da cidade. Ela .... (morar) perto de um supermercado, de um parque e de muitos restaurantes, mas ela .... (morar) longe da universidade. Ela .... (morar) em um apartamento pequeno, mas muito confortável.

11. Practice: About You

In this section, you should answer the questions based on your own preferences. There are no right or wrong answers, and you will not find answers at the end of the chapter.

1. Complete the sentences:

Eu moro perto de...

Eu moro perto de um supermercado.

Eu moro longe de...

Eu moro longe de um parque.

2. Answer the questions below using the words introduced in Sections 6 and 8.

a) Onde você mora? Em qual cidade você mora? Em qual país você mora?

b) Você mora sozinho? Você mora com a sua família? Você mora com amigos?

c) Você mora em uma casa ou em um apartamento?

d) Você mora em um lugar grande ou pequeno?

e) Você mora em um lugar confortável?

12. Answers

7. Practice: Questions about the Short Story

a) False.
b) False.
c) False.
d) True.
e) True.
f) True.
g) True.
h) True.

i) False.
j) True.

10. Practice: Fill in the Blanks
1. Complete the sentences:
a) Eu moro em São Paulo (morar)
b) Você mora em Porto Alegre (morar)
c) Nós moramos em Curitiba (morar)
d) Eles moram em Brasília (morar)
e) Ela mora sozinha (morar)
f) Nós moramos com amigos (morar)
g) Eu moro em um apartamento pequeno (morar).
h) Ele mora em uma casa (morar).
i) Nós moramos no centro da cidade (morar)
j) Vocês moram em uma casa confortável (morar).
k) Eu moro perto de muitos supermercados (morar).
l) Você mora longe de um aeroporto (morar).
m) Ela mora perto de muitos restaurantes (morar).
n) Nós moramos longe da universidade (morar).

2. O nome dela é Isabela e ela tem 23 anos. Ela mora (morar) em São Paulo. Ela mora (morar) sozinha. Ela mora (morar) no centro da cidade. Ela mora (morar) perto de um supermercado, de um parque e de muitos restaurantes, mas ela mora (morar) longe da universidade. Ela mora (morar) em um apartamento pequeno, mas muito confortável.

CHAPTER 11 – ACORDAR

1. Chapter Objectives

- Learn the regular verb "acordar" (to wake up).
- Read the short story (Section 4) and understand how the chapter verb can be used in everyday situations.
- Practice with comprehension exercises, fill-in-the-blanks, and writing exercises (Sections 6, 8, 9, and 10), and check your answers in Section 11.
- Learn vocabulary about routine (Sections 5 and 7).

2. Chapter Verb

This chapter introduces the following verb:

Acordar
To wake up

3. Verb Conjugation

Learn the present tense conjugation of the chapter verb and see the corresponding English translation:

ACORDAR	-	**TO WAKE UP**
Eu acordo	-	I wake up
Você acorda	-	You wake up
Nós acordamos	-	We wake up
Eles acordam	-	They wake up

The conjugation of the pronouns "você", "ele" and "ela" is the same. For example:

Você acorda (you wake up)
Ele acorda (he wakes up)

Ela acorda (she wakes up)

The conjugation of the pronouns “vocês”, “eles” and “elas” is the same. For example:
Vocês acordam (you guys wake up)
Eles acordam (they wake up)
Elas acordam (they wake up)

The verb “acordar” (to wake up) is a regular verb, and all the regular verbs ending in “-ar” have a similar verb conjugation. You can find more information about regular verbs in Chapter 12.

4. Short Story
Read the following short story and understand how the chapter verb can be used in everyday situations:

Rotina

O meu nome é Daniel, eu tenho 30 anos e moro em Campinas. Todos os dias, eu acordo cedo, eu acordo às 7h. Depois, eu como um sanduíche e bebo suco. Depois, eu vou para o trabalho de carro. Eu trabalho até às 18h.

Nos fins de semana, eu prefiro acordar tarde. Eu acordo por volta das 10h. Depois, eu como alguma fruta. Às vezes, eu como uma banana, e, às vezes, eu como uma maçã. Mais tarde, eu jogo videogame. Eu não trabalho nos fins de semana.

Note: You can find the translation of this story at the end of the book.

5. Vocabulary
In Section 4, we introduced some new words in Portuguese. Here is the English translation of those words:
Alguma - Some
Às - At
Às vezes - Sometimes
Até - Until
Cedo - Early
De carro - By car
Depois - After/then

Mais tarde - Later
Por volta das - Around
Tarde - Late

6. Practice: Questions about the Short Story
Read the short story again and answer the questions below with either "true" or "false". Check your answers in Section 11.
a) ( ) Daniel tem 29 anos.
b) ( ) Ele mora em Campinas.
c) ( ) Todos os dias, ele acorda tarde.
d) ( ) Ele acorda às 7h.
e) ( ) Ele come ovos no café da manhã.
f) ( ) Ele bebe leite.
g) ( ) Ele vai para o trabalho de ônibus.
h) ( ) Ele trabalha até às 18h.
i) ( ) Nos fins de semana, ele prefere acordar tarde.
j) ( ) Nos fins de semana, ele acorda às 8h.
k) ( ) Depois, ele come alguma fruta.
l) ( ) Mais tarde, ele joga futebol com amigos.
m) ( ) Ele também trabalha nos fins de semana.

7. Useful Words
Here are some new words that will help you understand and complete the activities in Sections 8, 9 and 10:
Antes - Before
Às vezes - Sometimes
Cereal - Cereal
Depois - After/then
E - And
Em seguida, então - Then
Frutas - Fruits
Iogurte - Yogurt
Mais tarde - Later
Mas - But
Normalmente - Usually
Ou - Or

Porque - Because
Sempre - Always
Todos os dias - Every day

8. Practice: Fill in the Blanks

1. Complete the sentences with the correct conjugation of the verbs. If you need help, consult the table in Section 3. And when you're done, check your answers in Section 11.

a) Eu .....acordo..... cedo todos os dias (acordar)
b) Nós .... tarde nos fins de semana (acordar).
c) Ele .... às 6h (acordar).
d) Eles ....cedo no sábado (acordar).
e) Nos fins de semana, eu .... acordar tarde (preferir).
f) No café da manhã, eu .... suco de laranja (beber).
g) Você .... leite (beber).
h) Ele .... sanduíche de manhã (comer).
i) Ela .... banana no café da manhã (comer).
j) Eu .... para o trabalho de carro (ir).
k) Você .... para o trabalho de ônibus (ir).
l) Eu .... até às 18h (trabalhar).
m) Ela .... até às 17h (trabalhar).

2. Fill in the blanks using the correct conjugation for the pronoun "he", then check your answers in Section 11.

Rotina

O nome dele é Daniel, ele ....tem....... (ter) 30 anos e .... (morar) em Campinas. Todos os dias, ele .... (acordar) cedo, ele .... (acordar) às 7h. Depois, ele .... (comer) um sanduíche e .... (beber) suco. Depois, ele .... (ir) para o trabalho de carro. Ele .... (trabalhar) até às 18h.

Nos fins de semana, ele .... (preferir) acordar tarde. Ele .... (acordar) por volta das 10h. Depois, ele .... (comer) alguma fruta. Às vezes, ele .... (comer) uma banana, e, às vezes, ele .... (comer) uma maçã. Mais tarde, ele .... (jogar) videogame. Ele não .... (trabalhar) nos fins de semana.

9. Practice: About You

In this section, you should answer the questions based on your own preferences. There are no right or wrong answers, and you will not find answers at the end of the chapter.

1. Você acorda cedo ou tarde?

( ) Eu acordo cedo.
( ) Eu acordo tarde.

2. Que horas você acorda?

( ) Eu acordo às 06h.
( ) Eu acordo às 07h.
( ) Eu acordo às 08h.
( ) Eu acordo às 10h.
( ) ....

3. O que você come no café da manhã?

( ) Eu como sanduíche.
( ) Eu como iogurte.
( ) Eu como cereal.
( ) Eu como frutas.
( ) Eu como ovos.
( ) ....

4. O que você bebe no café da manhã?

( ) Eu bebo café.
( ) Eu bebo leite.
( ) Eu bebo suco.
( ) Eu bebo chá.
( ) Eu bebo água.
( ) ....

5. O que você faz depois?

( ) Eu trabalho.
( ) Eu jogo.

( ) Eu vou à academia.
( ) Eu vou à universidade.
( ) Eu estudo.
( ) Eu vou ao escritório.
( ) Eu vou ao parque.
( ) ....

6. Você trabalha até que horas?
( ) Eu trabalho até às 16h.
( ) Eu trabalho até às 17h.
( ) Eu trabalho até às 18h.
( ) Eu trabalho até às 19h.
( ) ....

Write a text with the options you selected above. For example:
Eu acordo cedo. Eu acordo às 07h. Eu como ovos. Eu bebo leite. Eu vou para o escritório. Eu trabalho. Eu trabalho até às 17h.

10. Practice: Write
Copy the text you created in Section 9, and add some words you learned in Section 7. In this Section, you should simply respond according to your own personal preferences. There are no right or wrong answers, so you won't find any answers at the end of the chapter.

For example:
Todos os dias, eu acordo cedo. Eu acordo sempre às 07h. **Depois,** eu como ovos, e eu bebo leite. **Mais tarde,** eu vou para o escritório. Eu trabalho. Eu trabalho até às 17h.

11. Answers
6. Practice: Questions about the Short Story
a) False.
b) True.
c) False.
d) True.
e) False.
f) False.
g) False.

h) True.
i) True.
j) False.
k) True.
l) False.
m) False.

8. Practice: Fill in the Blanks
1. Complete the sentences:
a) Eu acordo cedo todos os dias (acordar)
b) Nós acordamos tarde nos fins de semana (acordar).
c) Ele acorda às 6h (acordar).
d) Eles acordam cedo no sábado (acordar).
e) Nos fins de semana, eu prefiro acordar tarde (preferir).
f) No café da manhã, eu bebo suco de laranja (beber).
g) Você bebe leite (beber).
h) Ele come sanduíche de manhã (comer).
i) Ela come banana no café da manhã (comer).
j) Eu vou para o trabalho de carro (ir).
k) Você vai para o trabalho de ônibus (ir).
l) Eu trabalho até às 18h (trabalhar).
m) Ela trabalha até às 17h (trabalhar).

2. O nome dele é Daniel, ele tem (ter) 30 anos e mora em Campinas. Todos os dias, ele acorda cedo, ele acorda (acordar) às 7h. Depois, ele come um sanduíche e bebe suco. Depois, ele vai (ir) para o trabalho de carro. Ele trabalha (trabalhar) até às 18h.
Nos fins de semana, ele prefere (preferir) acordar tarde. Ele acorda (acordar) por volta das 10h. Depois, ele come (comer) alguma fruta. Às vezes, ele come (comer) uma banana, e, às vezes, ele come (comer) uma maçã. Mais tarde, ele joga (jogar) videogame. Ele não trabalha (trabalhar) nos fins de semana.

CHAPTER 12 – REGULAR VERBS

1. Chapter Objectives

- Learn the rules of regular verbs in Portuguese (Section 3).
- Practice with fill-in-the-blanks exercises (Section 6) and check your answers in Section 7.

2. Regular and Irregular Verbs

In Portuguese, there are two types of verbs: regular and irregular. Regular verbs follow a pattern when we conjugate them, and they always end with the same letters. However, irregular verbs don't follow a pattern, and their conjugations can be very different from one another, so we need to memorize them individually.

Learning how to conjugate regular verbs makes learning verbs easier. Recognizing patterns will become easier, and you'll understand how verb tenses change depending on the subject.

In this book you learned the following regular verbs: comer (to eat), beber (to drink), falar (to speak), estudar (to study), trabalhar (to work), jogar (to play), gostar (to like), precisar (to need), morar (to live), and acordar (to wake up).

By memorizing these patterns and practicing them regularly, you can improve your understanding and use of regular verbs in Portuguese. So, in the next Section, we will study how to conjugate regular verbs.

3. Regular Verbs

Regular verbs in Portuguese are classified into three groups based on their infinitive ending: "-ar", "-er", and "-ir".

a) Verbs ending in "-ar"
Regular verbs ending in "-ar" follow a similar conjugation pattern, where each pronoun is associated with the same set of endings.

To form the present tense of a regular "-ar" verb, simply remove the "-ar" ending and add the corresponding endings for each pronoun.

FALAR (to speak)
fal+

For the pronoun "eu" (I), add the ending "-o" to the verb's root.

Eu fal**o**

For the pronoun "você" (you), add the ending "-a" to the verb's root.

Você fal**a**

For the pronoun "nós" (we), add the ending "-amos" to the verb's root.

Nós fal**amos**

For the pronoun "eles" (they), add the ending "-am" to the verb's root.

Eles fal**am**

When you know how to conjugate the verb "falar" (to speak) in the present tense, you can easily conjugate other regular verbs that end in "-ar" in the same tense, for example: jogar (to play), trabalhar (to work) and morar (to live).

Note: The majority of verbs in Portuguese end in -ar.

b) Verbs ending in "-er"
Regular verbs ending in "-er" follow a similar conjugation pattern, where each pronoun is associated with the same set of endings.

To form the present tense of a regular "-er" verb, simply remove the "-er" ending and add the corresponding endings for each pronoun.

COMER (to eat)
com+

For the pronoun "eu" (I), add the ending "-o" to the verb's root.

Eu com**o**

For the pronoun "você" (you), add the ending "-e" to the verb's root.

Ele com**e**

For the pronoun "nós" (we), add the ending "-emos" to the verb's root.

Nós com**emos**

For the pronoun "eles" (they), add the ending "-em" to the verb's root.

Eles com**em**

When you know how to conjugate the verb "comer" (to eat) in the present tense, you can easily conjugate other regular verbs that end in "-er" in the same tense, for example: beber (to drink), entender (to understand) and escrever (to write).

c) Verbs ending in "-ir"

Regular verbs ending in "-ir" follow a similar conjugation pattern, where each pronoun is associated with the same set of endings.

To form the present tense of a regular "-ir" verb, simply remove the "-ir" ending and add the corresponding endings for each pronoun.

ABRIR (to open)
abr+

For the pronoun "eu" (I), add the ending "-o" to the verb's root.

Eu abr**o**

For the pronoun "você" (you), add the ending "-e" to the verb's root.

Você abr**e**

For the pronoun “nós” (we), add the ending “-imos” to the verb's root.

Nós abr**imos**

For the pronoun “eles” (they), add the ending “-em” to the verb's root.

Eles abr**em**

When you know how to conjugate the verb "abrir" (to open) in the present tense, you can easily conjugate other regular verbs that end in "-ir" in the same tense, for example: assistir (to watch) and decidir (to decide).
Note: In the current book, we have not learned any regular verbs that end in "-ir". In the next book, which will be a continuation of this one, you will find some verbs with this ending.

4. Summary with examples
To better understand the conjugation of Portuguese verbs, it may be helpful to review this summary of the endings for verbs ending in “-ar”, “-er”, and “-ir”.

	-AR	**-ER**	**-IR**
	FALAR	COMER	ABRIR
Eu	Fal**o**	Com**o**	Abr**o**
Você/ele/ela	Fal**a**	Com**e**	Abr**e**
Nós	Fal**amos**	Com**emos**	Abr**imos**
Eles/elas/vocês	Fal**am**	Com**em**	Abr**em**

5. Summary of the Endings for verbs Ending in “-ar”, “-er”, and “-ir”
To better understand the conjugation of Portuguese verbs, it may be helpful to review this summary of the endings for verbs ending in “-ar”, “-er”, and “-ir”.

	-AR	**-ER**	**-IR**
	FALAR	COMER	ABRIR
Eu	**-o**	**-o**	**-o**

Você/ele/ela	**-a**	**-e**	**-e**
Nós	**-amos**	**-emos**	**-imos**
Eles/elas/vocês	**-am**	**-em**	**-em**

6. Practice: Fill in the Blanks

Complete the sentences with the correct conjugation of the verbs. If you need help, consult the table in Section 4. And when you're done, check your answers in Section 7.

-AR

a) Eu ....português (falar).
b) Ele ....espanhol (falar).
c) Nós ....inglês (falar).
d) Eles ....francês (falar).
e) Eu ....em uma escola (trabalhar).
f) Você ....em uma loja (trabalhar).
g) Nós ....em um escritório (trabalhar).
h) Eles ....em casa (trabalhar).

-ER

i) Eu .... massa (comer).
j) Ela ....peixe (comer).
k) Nós ....pizza (comer).
l) Eles ....sanduíche (comer).
m) Eu .... suco (beber).
n) Ela ....água (beber).
o) Nós ....café (beber).
p) Eles ....chá (beber).

-IR

q) Eu .... a porta (abrir).
r) Ele .... a porta (abrir).
s) Nós .... a porta (abrir).
t) Eles .... a porta (abrir).
u) Eu .... a um filme (assistir).
v) Você .... a um filme (assistir).

w) Nós .... a um filme (assistir).
x) Eles .... a um filme (assistir).

7. Answers

a) Eu falo português (falar).
b) Ele fala espanhol (falar).
c) Nós falamos inglês (falar).
d) Eles falam francês (falar).
e) Eu trabalho em uma escola (trabalhar).
f) Você trabalha em uma loja (trabalhar).
g) Nós trabalhamos em um escritório (trabalhar).
h) Eles trabalham em casa (trabalhar).
i) Eu como massa (comer).
j) Ela come peixe (comer).
k) Nós comemos pizza (comer).
l) Eles comem sanduíche (comer).
m) Eu bebo suco (beber).
n) Ela bebe água (beber).
o) Nós bebemos café (beber).
p) Eles bebem chá (beber).
q) Eu abro a porta (abrir).
r) Ele abre a porta (abrir).
s) Nós abrimos a porta (abrir).
t) Eles abrem a porta (abrir).
u) Eu assisto a um filme (assistir).
v) Você assiste a um filme (assistir).
w) Nós assistimos a um filme (assistir).
x) Eles assistem a um filme (assistir).

COMPLETE CONJUGATION

COMER (regular verb)
Eu como - I eat
Você come - You eat
Nós comemos - We eat
Eles comem - They eat

BEBER (regular verb)
Eu bebo - I drink
Você bebe - You drink
Nós bebemos - We drink
Eles bebem - They drink

FALAR (regular verb)
Eu falo - I speak
Você fala - You speak
Nós falamos - We speak
Eles falam - They speak

ESTUDAR (regular verb)
Eu estudo - I study
Você estuda - You study
Nós estudamos - We study
Eles estudam - They study

TRABALHAR (regular verb)

Eu trabalho - I work
Você trabalha - You work
Nós trabalhamos - We work
Eles trabalham - They work

JOGAR (regular verb)
Eu jogo - I play
Você joga - You play
Nós jogamos - We play
Eles jogam - They play

GOSTAR (regular verb)
Eu gosto - I like
Você gosta - You like
Nós gostamos - We like
Eles gostam - They like

QUERER (irregular verb)
Eu quero - I want
Você quer - You want
Nós queremos - We want
Eles querem - They want

IR (irregular verb)
Eu vou - I go
Você vai - You go
Nós vamos - We go
Eles vão - They go

TER (irregular verb)
Eu tenho - I have
Você tem - You have
Nós temos - We have
Eles têm - They have

PRECISAR (regular verb)

Eu preciso - I need
Você precisa - You need
Nós precisamos - We need
Eles precisam - They need

PREFERIR (irregular verb)

Eu prefiro - I prefer
Você prefere - You prefer
Nós preferimos - We prefer
Eles preferem - They prefer

MORAR (regular verb)

Eu moro - I live
Você mora - You live
Nós moramos - We live
Eles moram - They live

ACORDAR (regular verb)

Eu acordo - I wake up
Você acorda - You wake up
Nós acordamos - We wake up
Eles acordam - They wake up

TRANSLATION OF SHORT STORIES

Chapter 01: Comer and Beber

Meals

My name is Lucas. For breakfast, I eat a sandwich. For lunch, I eat rice, steak, and vegetables. For dinner, I eat pizza. I always drink juice. I drink orange juice.

Chapter 02: Falar e Estudar

Languages

My name is Camila. I speak many languages. I speak Portuguese, Spanish, and English. I don't speak French. I study languages every day. I study Spanish in the afternoon, and I study English at night.

Chapter 03: Trabalhar and Jogar

Job

My name is Fernando. I work in the morning and in the afternoon. I work at a supermarket. On weekends, I work at a restaurant. In my free time, I play football and cards with friends.

Chapter 04: Gostar

Food, Drinks, and Hobbies

My name is Bruna. I like many things. About foods, I like to eat pasta, hamburger, and french fries. About drinks, I like to drink grape juice. About desserts, I like ice cream. About hobbies, I like to play volleyball and I like to play bowling.

Chapter 05: Querer

Today

My name is Mateus. I work every day. I work at a store. Today, I want to go to the restaurant. I want to eat pasta, and I want to drink pineapple juice.
My cousin's name is Fabio. He works at a school. Today, he also wants to go to the restaurant. He wants to go to the restaurant with me. He wants to eat steak and salad, and he wants to drink beer.

Chapter 06: Ir

Places

My name is Maria. I work in an office. I work in the morning and in the afternoon. Every day, I go to the office and then I go to the gym. Sometimes, I go to the supermarket. At night, I go to the university. I study Law.
On weekends, I go to the park, the museum, or the zoo. I also like to go to restaurants with friends.

Chapter 07: Ter

Animals, sports, and games

My name is Marcos. I am 25 years old. I like animals. I have a dog, a cat, and two fish. I also like to do sports, therefore I have a bicycle. Additionally, I like to play video games, and I have many games.

Chapter 08: Precisar

This week

My name is Alice. This week, I need to do many things. On Monday, I need to go to the supermarket. On Tuesday, I need to go to the pharmacy. On Wednesday, I need to go to the bank. On Thursday, I need to go to the bakery. And on Friday, I need to go to the bookstore.

Chapter 09: Preferir

Restaurant

My name is Rafael. On Saturday, I want to go to Sabor restaurant. I want to go to the restaurant with my wife. Her name is Helena. I want to eat meat, and she wants to eat fish. I also want to drink wine. I prefer red wine, and my wife prefers white wine. I also want to eat dessert. I prefer strawberry ice cream, and my wife prefers chocolate ice cream.

Chapter 10: Morar

Apartament

My name is Isabela and I am 23 years old. I live in São Paulo. I live alone. I live in the city center. I live close to a supermarket, a park, and many restaurants, but I live far from the university. I live in a small apartment, but very comfortable.

Chapter 11: Acordar

Routine

My name is Daniel, I am 30 years old, and I live in Campinas. Every day, I wake up early, I wake up at 7 a.m. Then, I eat a sandwich and I drink juice. After that, I go to work by car. I work until 6 p.m.

On weekends, I prefer to wake up late. I wake up around 10 a.m. Then, I eat some fruit. Sometimes, I eat a banana, and sometimes I eat an apple. Later, I play videogame. I don't work on weekends.

PORTUGUESE-ENGLISH GLOSSARY

A

Abacate - Avocado
Abacaxi - Pineapple
Academia - Gym
Acordar - To wake up
Açúcar - Sugar
Aeroporto - Airport
Água - Water
Além disso - Additionally
Alemanha - Germany
Alemão - German
Alguma, algum - Some
Amanhã - Tomorrow
Amigo - Friend
Antes - Before
Ao ponto - Medium
Apartamento - Apartment
Aqui - Here
Árabe -Arabic
Arroz - Rice
Às - At
Às vezes - Sometimes
Até - Until
Austrália - Australia

B

Banana - Banana
Banco - Bank
Batata frita - French fries
Baunilha - Vanilla
Beber - To drink
Bebidas - Drinks/beverages
Bem passado - Well done
Bicicleta - Bike
Bife - Steak
Biscoito - Cookie
Boliche - Bowling
Bolo - Cake
Brasil - Brazil

C

Cachorro - Dog
Caderno - Notebook
Café - Coffee
Café com leite - Coffee with milk
Café preto - Black coffee
Cafeteria - Coffee shop
Carne - Meat/beef
Carro - Car
Cartas - Cards
Casa - Home/house
Cedo - Early
Celular - Cell phone
Centro - Downtown
Cereal - Cereal
Cerveja - Beer
Chá - Tea
Chave - Key
Chinês - Chinese

Chocolate - Chocolate
Chocolate ao leite - Milk chocolate
Chocolate branco - White Chocolate
Chocolate preto - Dark chocolate
Cinco - Five
Cinema - Movie theater
Coisas - Stuffs/Things
Com - With
Comer - To eat
Comidas - Food
Comigo - With me
Confortável - Comfortable

D

De carro - By car
De manhã - In the morning
De noite - At night
De tarde - In the afternoon
Depois - After
Dez - Ten
Direito - Law
Do que - Than
Dois - Two
Domingo - Sunday

E

E - And
Ela - She
Elas - They (feminine pronoun)
Ele - He
Eles - They (masculine pronoun and general pronoun)
Em - At, in
Em seguida, então - Then
Emprego - Job
Escola - School

Escritório - Office
Espanha - Spain
Espanhol - Spanish
Esposa - Wife
Espumante - Sparkling wine
Esta, este - This
Estados Unidos - United States of America
Estudar - To study
Eu - I

F
Falar - To speak
Família - Family
Farmácia - Drugstore
Fazer - To do
Filhos - Children
Floricultura - Flower shop
França - France
Francês - French
Frango - Chicken
Frutas - Fruits
Futebol - Football

G
Gato - Cat
Gostar - To like
Grande - Big

H
Hoje - Today
Holandês - Dutch
Hospital - Hospital

I
Idiomas - Languages

Inglês - English
Iogurte - Yogurt
Ir - To go
Irmãos - Sibling
Itália - Italy
Italiano - Italian

J

Japonês - Japanese
Jogar - To play
Jogo - Game

L

Lá - There
Laptop/notebook - Laptop
Lasanha - Lasagna
Legumes - Vegetables
Leite - Milk
Livraria - Bookstore
Livro - Book
Loja - Store
Longe - Far
Lugares - Places

M

Maçã - Apple
Mais tarde - Later
Mal passado - Rare
Mas - But
Massa - Pasta
México - Mexico
Morango - Strawberry
Morar - To live
Muito - Very
Muitos, muitas - Many

Museu - Museum

N

Não - No
Nas horas livres - On free time
Nesta - In this
No almoço - For lunch
No café da manhã - For breakfast
No jantar - For dinner
Nome - Name
Normalmente - Usually
Nós - We
Nos fins de semana - On weekends
Nove - Nine

O

O que - What
O, a - The (definite article)
Oito - Eight
Onde - Where
Ou - Or
Ovo - Egg

P

Padaria - Bakery
Pão - Bread
Parque - Park
Peixe - Fish
Pequeno - Small
Perto - Near
Por isso - Therefore
Por volta das - Around
Porque - Because
Portugal - Portugal
Português - Portuguese

Posto de gasolina - Gas station
Praia - Beach
Precisar - To need
Preferir - To prefer
Primo - Cousin
Próxima/próximo - Next

Q

Quando - When
Quarta-feira - Wednesday
Quatro - Four
Querer - To want
Quinta-feira - Thursday

R

Restaurante - Restaurant

S

Sábado - Saturday
Salada - Salad
Sanduíche - Sandwich
Segunda-feira - Monday
Seis - Six
Sem – Without, no
Semana - Week
Sempre - Always
Sete - Seven
Sexta-feira - Friday
Sim - Yes
Sobre - About
Sobremesa - Dessert
Sorvete - Ice cream
Sozinho - Alone
Suco - Juice
Suco de laranja - Orange juice

Suco de uva - Grape juice
Supermercado - Supermarket

T
Também - Also
Tarde - Late
Teatro - Theater
Tênis - Tennis
Ter - To have
Terça-feira - Tuesday
Todos os dias - Every day
Torta - Pie
Trabalhar - To work
Três - Three

U
Um - One
Um, uma - A (indefinite article)
Universidade - University

V
Videogame - Videogame
Vinho - Wine
Vinho Branco - White wine
Vinho Tinto - Red wine
Você - You
Vocês - You all
Vôlei - Volleyball

X
Xadrez - Chess

Z
Zoológico – Zoo

FLASHCARD LINK

A helpful suggestion is to create flashcards with the words you have learned in this book. You can access the link below to download the document in TSV format, and then import it into a flashcard application, such as Anki. This method is fast and efficient, as you won't have to manually type out all the words.

Here's the link: https://docs.google.com/spreadsheets/d/e/2PACX-1vSiBFTDF6OC9jx8s3rl7qOZRrVCTPX9B1xatDt57a3xySL1nS79Ja_xlwiigmVN_BjLszUAbx0vyvYJ/pub?gid=1557950600&single=true&output=tsv

ABOUT THE AUTHOR

Marizete Burin

Marizete Burin is a Brazilian who teaches Portuguese as a foreign language. She is 30 years old and is currently living in Germany. Marizete is also a bachelor of Law and previously worked as a lawyer in Brazil. She holds a master's degree in Development and Public Policy. Marizete has been teaching Portuguese online for three years and has been creating her own teaching materials since then. She realized that her materials could help many people learn Portuguese on their own and decided to publish them.

To contact her, please use the following email address: brazilianportuguese.mb@gmail.com.

Printed in Great Britain
by Amazon

41793665R00056